2010&
김행회詩集

가슴 아픈 날엔

목차

1부. 가슴 아픈 날엔

가슴 아픈 날엔 · 1-8
가슴 아픈 날엔 · 2-9
가슴 아픈 날엔 · 3-10
가슴 아픈 날엔 · 4-11
가슴 아픈 날엔 · 5-12
가슴 아픈 날에 · 6-13
가슴 아픈 날엔 · 7-14
인생..그 아픈 노래 · 1-15
인생..그 아픈 노래 · 2-16
인생..그 아픈 노래 · 3-17
인생 그 아픈 노래 · 4-18
인생..그 아픈 노래 · 5-19
인생..그 아픈 노래 · 6-20
인생..그 아픈 노래 · 7-21
당신은 무죄-22
눈물만 주는 당신-23
마음-24
비 내리는 날엔-25
그대에게 나는-26
별이지는 창가에-27
인생은 눈물이야-28
돌아와요 내게로-29

2부. 당신과 난 사랑한 사이였을까요

당신과 난 사랑한 사이였을까요-32
누군들 상처 하나쯤 없겠습니까-33
네가 떠나던 그날처럼-34
그대가 내 마음을 아는가-35
가슴이 아픈 사람은 가만히 있어도 눈물이 난다-36
여전히 흔들리는 가슴-37
당신이 미워졌습니다-38
그대를 기다리다-39
텅 빈 가슴 쓸쓸한 날에-40
우리가 사랑했던가요-41
블랙커피-42
당신이 참 좋아요-43
나보다 나를 더 사랑하는 님이시여-44
그대 넓은 가슴에서-45
당신 때문에-46
가슴이 아픈 사람은 가만히 있어도 눈물이 난다-47
그대를 위해 가슴을 열어놓겠습니다-48
그대라는 이유-49
비 되어 당신에게 갈거야-50
차가운 당신-51
사랑..그리고-52
지독한 고독 아무 말 마라-53
사랑은 아프다-54
마음 채우기-55
멍에-56
사랑아 놀러가자-57

3부. 바람 부는 날엔 호숫가를 걸어요

바람 부는 날엔 호숫가를 걸어요-59
아프지 않은 사랑은-61
보고 싶은 날엔-62
내 허락 없이 가슴에 들어오지 마-63
그리움아 내게서 멀리 가라·1-64
그리움아 내게서 멀리 가라·2-65
그리움아 내게서 멀리 가라·3-66
산다는 건·2-67
산다는 건·1-68
머리 자르는 여자-69
그대가 행복하면-70
마음 흔들릴 때는 그대를 불러보는 게야-71
인생은 이유 없이 흔들린다-72
인생은 봄바람처럼-73
서로 사랑하면 안되겠습니까-74
이제 시작이야 너를 사랑하는 일-75
가슴속 사랑은 버려-76
거울보기-77
사랑 한다고 말하지마-78
사랑은 바보나 하는 것-79
민들레 홀씨되어·1-80
민들레 홀씨되어·2-81
촛불 하나-82
마음 버리기-83
기억은 리필 중-84
마음 말리기-85

4부. 가을하늘처럼 살고 싶었습니다

가을하늘처럼 살고 싶었습니다-87
가을 냄새-89
인생은 꿈이다-90
그대 그리운 날-91
그대로만 있어줘-92
가을 외로움-93
우리 그렇게 살아요-94
가을엔 바람도 외로운가 봅니다-96
나 늙으면 당신이랑·1-97
나 늙으면 당신이랑·2-98
나 늙으면 당신이랑·3-99
가을이 가는 소리-100
그리움-101
뾰족구두-102
그대는 아시나요-103
이 나이쯤이면-104
이 나이쯤이면·2-106
꽃이 지는 날-108
퍼내도 끝이 없는 그리움-109
마흔 여섯의 사계-110
마흔 일곱의 그리움은-112
나와 닮은 미련한 사람 찾아봐-113
서러운 꽃-114
나도 울 줄 알아요-115
봄이 오는 소리-116
일방통행-117
눈물 삼키기-118
그대의 고운 뜨락에-119

시-해석편 / 사랑, 부재 속에 피는 꽃 · 이상미교수 - 122

1부.
가슴 아픈 날엔

가슴 아픈 날엔·1

거센 바람 몰려와
내 곁을 지나가네
잡지 않아도 부르지 않아도
왔다 가는 인생처럼
머릿결을 흔들고 지나가네

가슴 아픈 날엔
멈춰버린 시간이 돌아와
이제 느낄 수 있건만
주기만 했던 사랑
받기만 했던 사랑
가슴 아픈 기억 되었기에
그대 아픈 사랑이라고

왜 이렇게 가슴이 아픈 거냐고
왜 이렇게 눈물만 나는 거냐고.

가슴 아픈 날엔·2

유월의 뜨거운 햇살 사이로
신록의 물결은 저마다 울어 대는데
가슴으로 이는 허허로운 꽃 바람
어디론가 떠나고 싶네

살아온 그 정으로
서로가 미워했던 애증만 남았네
미소 한 자락 마주 보는 짧은 순간이
서럽지 않은지
서로에게 위안되는 세월은
소리 없이 눈물 되어 흐르네
가슴 아픈 날엔
두 손 잡아줄 이 없는
이 아픈 가슴 채울 길 없네.

가슴 아픈 날엔·3

밤새 내린 안개비로
눈물 감추려니
내 가슴 빗물에 흔들려간
세월만 앞을 가리네

세월 힘없이 동여매고
소리 없이 스러지는 사랑의 굴레
비워도 비워도 비워지지 않는 굴레

영원 하자던 약속 때문에
미련처럼 내 안에 머물었던
가슴 아픈 날엔
마음 지우려 맹세도 하지만
파도에 씻기는 모래알처럼
씻기고 간 자리 흔적만 일렁이네.

가슴 아픈 날엔·4

가슴 아픈 날엔
리모컨만 만지작거리네
잃어버린 시간을 찾으려
머릿속을 더듬으며
에필로그 속에 갇혀버린
그 시간을 찾으러 가네

가슴 아픈 날엔
수다를 떨면 가슴이 시원할까
입이 마르도록 떠들어도 보지만
더 조여 오는 가슴
이 가슴을 어찌하나요

더는 아픈 사랑 하고 싶지 않은데.

가슴 아픈 날엔·5

부드러운 목소리
다정한 어감에
속아 넘어간 여린 여심
그 세월 야위어만 가는데
가슴속 굳은 심지 어디 가고
그날을 잊지 못해 그리워하는지
꿈을 꾸었다고 기분 좋은 날
생각하면 잊힐까요

가슴 아픈 날엔
짙게 배어나는 그리움에
오늘도 난
그 순간 찾으러
휘몰아치는 돌풍 사이를
오늘도 이렇게 서 있다고.

가슴 아픈 날에·6

길고 긴 사연 적어 문자하나 보내고
기다림으로 한나절

한없는 외침 써서 문자 두게 보내고
대답 없는 메아리 어둠으로 돌아와
서글픔에 젖어 흐느끼네

바보 같은 가슴은
하루가 멀게 총구멍에 다친
상처처럼 상처만 깊어가고
돌이킬 수 없는 헛된 기다림에
하얗게 지세 우니
기억들이 돌아와 하얗게 웃네.

가슴 아픈 날엔·7

그대 숨소리 정적만 깨우고
먹먹한 가슴 잠든 얼굴만 바라보네
방안 가득 시간만 흐르네

사랑일까 연민일까
잡지 못할 미련
눈시울 젖어드는 쓸쓸한 그날처럼
사랑했던 시절만 아른거려
채울 길 없는 공허감만 밀려오네

가슴 아픈 날엔
아픈 가슴보다
시린 마음보다
허기진 뱃속보다 더 아플까.

인생..그 아픈 노래·1

사십을 훌쩍 넘긴 나이에도
시기와 질투는 있는 게야
다른 곳을 보며 입맛 다셔도 나무랄 순 없지

그래도 아픈 게야
산자락에 걸린 구름을 봐도 눈물 나고
길가에 핀 작은 풀꽃을 봐도 눈물이 나

나이 먹는다고 가슴이 없어지진 않아
나이 먹는다고 설레임이 없어지지도 않아
사십을 넘긴 펑퍼짐한 여자라도 사랑을 원하는 게야

속절없는 미련을 붙잡는 것도
가끔은 꿈꾸는 미상의 사랑도
그저,

아픈 가슴 내어놓고 울 수 있는 그런
편안한 친구도 그리운 법이야
인생..참 아프지만 버릴 수도 없는 게야.

인생..그 아픈 노래·2

바람이 부는 게야
여지껏 몰랐던 고독의 바람이 부는 게야
누가 뭐라하겠어

그저
바람이 부는 게야
그 바람을 따라간들 누가 뭐라 하겠어

그런 거야
인생이란 그렇게 아픈 게야.

인생..그 아픈 노래·3

이대로 사는 겐가
아무 말도 못하고
가슴만 치다가 말 일인가

그대는 하고픈 말 없는가
가슴속에 묻은 숱한 사연들
그저 속으로만 삭일건가

간다고 울며불며 매달린들
세월이 머물 던가
그래도 어쩌겠나 그냥저냥 살아가세

인생이란 눈물 나도록
아픈 길이니까.

인생 그 아픈 노래·4

살다 보면
왜 가슴 아프지 않겠어요

서로에게 상처주는 말
서로에게 미움 남기는 행동
작은 일 하나에도 가슴은 아프다는 걸

머리에 하나 둘
새 치가 보이기 시작하면서
위로가 되고 가려운 등 긁어주며

그저 바라보는 말 없는 눈빛 하나로도
무슨 생각을 하는지
어떤 마음을 가지고 있는지
어렵사리 알아야 하는 것 아니던가요
그렇게 표현 없이 서로가 알아 주는게
무덤덤함 속에서도
그저 한 번씩 말없이 손잡아주는
그런게 인생 아니던가요
그런데 왜 눈물이 날까요
그런데 왜 이렇게 가슴이 아플까요.

인생..그 아픈 노래·5

마흔을 넘기고
오십을 바라보는 나이가 되면
그저,
스치는 바람에도 눈물이 나는 법입니다.

바람에 묻어오는 풀내음에도
비 오는 날
일어나는 흙먼지 냄새에도
그저 눈물이 나는 법입니다

누군가에게
문자 하나 전화 한통 할 수 없는 마음
공허하고 텅 빈 자멸감이 가슴을 저리게 하고
거울 속 윤기 없이 푸석이는 얼굴의 여자가
그저 눈물 나는 법입니다

햇살 하나에도
구름 하나에도
반짝이며 바람에 나풀거리는 나뭇잎에도
방울방울 떨어지는 삶의 질곡이 흔들리고

마흔을 넘기고
오십을 바라보는 나이가 되면
자꾸만 슬퍼지는가 봅니다.

인생..그 아픈 노래·6

바람은
오늘도 곁을 스쳐 지나가고
그 바람 따라
떠나고 싶은 마음이야 오죽하겠소

해가 뜨는 아침이면
오늘 하루만이라도
후회하지 말기
미워하지 말기를 다짐해 놓고

누군가를 미워하고
누군가를 원망하면서
스스로 마음 죽이기를 몇십 번

늦은 오후 해 질 녘
태양은 꾸역꾸역
산 너머로 숨어버리고
부끄러운 마음 왼 고개 친다

아파야 인생이라던가
슬퍼야 인생이라 했던가
그래도 아프지 말길
그래도 슬프지 말길.

인생..그 아픈 노래·7

마음으로는
예쁘게 살아보려 했어
가슴도 따뜻하고
정감 있는 고운 여자로

바람이 불잖아
세찬 폭풍우가
나보고 어쩌라고

얼굴은 웃어
그런데
눈물이 자꾸만 나는걸

먹구름이 오잖아
내 머리 위로
나보고 어쩌라는 건지.

당신은 무죄

흔들리는 마음
당신 향해 마구 달려가는 여심
잠 못 들고 달 뜬 마음으로 밤을 밝혀도
당신은 무죄

꽃 같은 마음으로 활짝 피어도
불 같은 마음으로 활활 타올라도
가슴이 아픈
당신은 여전히 무죄

고운 얼굴 사랑스런 얼굴 아니어도
혼자 기쁨으로 벅찬
세상에서 제일 이쁜 여자로
착각에 빠지게 하는
당신은 무죄.

눈물만 주는 당신

지는 저녁 먹구름이
내 맘 같은 색으로 앉습니다
사랑해서 미안할 만큼
당신은 눈물만 요구합니다

어디에 있는 건지
당신은 어디서 뭘 보고 계신지
내 눈물을 정녕 못 보고 계시던가요
왜 나만 아프라 하시나요

아무것도 보이지 않고
어떤 것도 들리지 않습니다
밤을 하얗게 세워도
눈물만 아픔만 쌓입니다.

마음

피가 나요
송곳으로 찔러 대는 고통이에요

울어서 시원해진다면
울고 싶어요

상처 난 가슴이
또 아프네요

약을 써도 소용없는 절망이에요
소리쳐서 후련해진다면
소리치고 싶어요.

비 내리는 날엔

눈물이라면 얼마나 시원하겠어
차라리 아픈 눈물 슬픈 눈물 다 쏟아내어
빗물이라 우기면 부끄럽지 않을 테니

마구 쏟아내면 밀어 오르는 울화도
가슴 치는 미련도 다 버릴 수 있을 테니
비 내리는 날엔 울기 좋은 날

창문 너머 그리운 사람
보고 싶음에 가슴만 쌓이네
빗물처럼 내 마음도 흐르네.

그대에게 나는

이젠 낡은 사진처럼 퇴색해버린
그대에게 난 그런 사람인가요

내 곁에 있어도 내 곁에 없어도
변하는 것은 없겠지요

거리에 나서면 떨어진 낙엽처럼
떠나간 그 길에 쌓여진 흔적들
눈가에 스쳐가는데

가슴이 저리도록 그리운 기억들
추억이 씻겨간 쓸쓸한 이 길을
끝없이 걷고 싶어라.

작사/김행화 작곡/김영진 노래/김행화

별이지는 창가에

유리창 너머로 별이 내리면
투명한 여명 속에 그리움들이
속삭이듯 미소로 보내오고
내님의 눈가에 이슬처럼
투명하게 빛나는 내님의 얼굴 같아

고이 간직하고픈 간절한 내 마음
별이지는 창가에 그리운 사람
하늘 닮은 내님 얼굴 구름처럼 떠가는데
하루를 보내면서 기다리는 내 마음

별빛이 쏟아지는 창가에 기대서면
어느새 다가오는 그리운 얼굴하나.

작사/김행화 작곡/김영진 노래/김행화

인생은 눈물이야

같은 곳을 바라보다 어느 사이
다른 곳을 보는 게 인생이야
그렇다고 슬퍼하지는 마

옆자리는 언제나 비어있고
가슴은 휑 하는 바람 훑고 간 들판처럼
늘 혼자 외롭고 서러운 게야

지는 노을이 아름다운 건
반짝이는 별들이 아름다운 건
밝은 햇살이 눈부시게 아름다운 건

그래도 내가 있기 때문이야
나를 있게 하는 그 모든 것이
희망이고 꿈이야

그렇지만 인생은 아프고 아파서
늘 눈물이야.

돌아와요 내게로

어둠이 지나면 날은 밝아요
바람이 지나면 고요함이 오죠
그대 떠나던 날
잊지 않으려 손잡았던 그 말
이젠 지킬 수 없는 약속이 돼버렸죠

해 보다도 밝고
꽃보다도 이쁘다고
이슬처럼 맑다던 그대가
웃으며 떠나던 그 모습 잊을 수가 없어요

눈물이 떨어져 방울지네요
그대 모습 떨어져 아프게 우네요
보고 싶어 아프게 우네요
돌아와요 내게로.

2부.

당신과 난 사랑한 사이였을까요

당신과 난
사랑한 사이였을까요

우린 전생에서 사랑한 사이였을까요
지금에서야 만난 우리는
아마도 사랑하던 사이였나 봅니다

만난 첫 순간부터 당신이 좋아졌습니다
그윽한 눈매 다정한 목소리
아마도 우린 사랑을 하던 사이였나 봅니다

밤이 지나면 또 기다려지는 시간 앞에
그저 애만 타도록 째깍 이는 시계에만
두 눈이 못 박혀 느리기만 한
시곗바늘만 탓해 봅니다

이런 마음이 사랑일까요
이런 마음이 그리움일까요
마음은 온통 그대만 찾고

온종일 전화벨 소리에
귀 기울이는 시간이 길어지네요
우린 아마도 전생에서
사랑한 사이였나 봅니다.

누군들 상처 하나쯤 없겠습니까

하루하루 살아가다 보면
어느 누군들 상처 하나쯤 없겠습니까
말 안 듣는 자식들
소원해지는 남편
아이처럼 늙어 가시는 부모님들...

그도 저도 아닌 작고 사소한 아픔들
손끝에 든 가시처럼 성가시고
어느 하루라도
사는 걱정 안 하고 살 수 있겠습니까
바람 부는 날은 바람 걱정
비 오는 날은 비 걱정
그저 그렇게
걱정없는 사람 있겠습니까.

네가 떠나던 그날처럼

네가 떠나던 그날처럼 비가 와
돌아서던 뒷모습 가슴이 아파
잊을 수가 없어
네가 준 그리움 때문에 목이 메어
눈물이 멈추질 않아
빗물처럼 다시 내게로 와
아직도 널 사랑하고 있어
이 세상에 오직 너뿐이야
내가 사랑하는 사람은

네가 떠나던 그날처럼 비가 와
돌아서던 뒷모습 가슴이 아파
잊을 수가 없어.

그대가 내 마음을 아는가

울컥이며 올라오는
그리움을 그대는 아는가
잔잔한 물결 같은 내 맘에
파도처럼 큰 파문을 일으키는
그대가 내 마음을 알 수 있는가
아침이 오고 밤이 오는 동안
수없이 일어나는 눈물겨운 그리움을
귓전에 들리는 따뜻한 목소리를
그윽한 눈빛으로 바라보던 모습이
그 모든 게 다 그리운 걸 그대는 알겠는가
꽃이 피고 새가 울어도
비가 오고 바람에 나무가 흔들려도
낙엽 지고 찬바람이 불기만 해도
그리운 걸 그대는 아시겠는가
이런 내 마음이 갈피 못 잡고 흔들리는 걸.

가슴이 아픈 사람은
가만히 있어도 눈물이 난다

열 번을 죽어도 내 사람이라고 믿고 있던 당신이
어느 날엔가 부터 먼 사람처럼 느껴졌습니다
가슴엔 천둥번개가 치고 비바람이 몰아쳐
오들오들 떨고만 있는 서글픈 신세가 되고 말았지요

그래도 당신은 끝내 버릴 수도 보낼 수도 없는 사람인데
어찌 내 가슴 무너지는 모습을 보고도 모른 척 하는 건가요
무심한 바람은 살랑살랑 불어대고
봄바람은 한껏 외로운 가슴을 흔들어 댑니다

오로지 당신만을 사랑했던 가슴에
오로지 당신만을 의지하던 머리에
오로지 당신만을 믿고 기다리던 두 눈엔
마르지 않는 뜨거운 눈물만 흘러내립니다

피고 지는 꽃들은 누군가 바라봐 주겠지요
볼품없이 지는 나는 결국 당신만을 기다리겠지요
숨죽여 울어도 가슴이 아파도
그저 당신만을 기다리며 살겠지요
그저 흐르는 눈물만이 텅 빈 가슴을 위로할 뿐.

여전히 흔들리는 가슴

아직도 살아갈 시간이 많기에
여전히 가슴이 흔들려도 살아가는 거야
아프고 쓸쓸하지만
외롭고 힘들지만
그래도 가슴에 묻고 사는 거야

지나간 시간 속 틀에 갇혀
움직일 수도 돌아갈 수도 없지만
어둡고 허기진 가슴 달래며 사는 거야
지치고 서럽지만
모진 세월 견디며
누구라도 애써 웃으며 사는 거야

지난 세월
뒤안길하며 사는 것도 쉽지는 않아
빛바랜 시간도 추억도
돌아보며 살기엔 현실이 바쁜 거야
그래도 가슴에 묻고 사는 거야
모진 세월 가슴에 묻고 사는 거야.

당신이 미워졌습니다

살아오는 동안
한 번도 당신이 미웠던 적 없지만
쓰린 속병을 산더미 채로 내게 주신
당신이 참으로 미워졌습니다

어쩌자고 내 가슴을 돌로 쳐 댔는지
나보고 어쩌라고 비수로 찔러댔는지
치유되지 않을 상처를 내게 주신
당신이 참으로 미워졌습니다

곱살스레 웃던 당신 미소도
다정하던 말투도
따뜻했던 포옹도
이젠 다 의미가 없어졌지요
그런 당신이 참으로 미워졌습니다.

그대를 기다리다

아직도 먼 거리에 계신 그대를 기다리며
가슴 안으로 그리움이 파도처럼 밀려듭니다
사랑하는 마음 그리운 마음
아직 한마디도 전하지 못했는데

마주 보는 시간조차 그리운 그대를
잊지 못하는 단 일 초의 시간이 너무 힘이 들어
애만 태우다 해바라기처럼
길어진 목만 그댈 향하고 있습니다

햇살도 바람도 모두가 그대인데
한 번도 손잡아 보지 못한 그대를 기다립니다.

텅 빈 가슴 쓸쓸한 날에

가슴이 비어 아무것도 없는 것 같은 날에는
모든 거 다 던지고
어느 님의 품에라도 뛰어들고 싶다
숨 가쁜 고독 소리치는 비애
명치끝을 훑고 지나가는 아픔
훌쩍 떠나 쓸쓸한 가슴 날려 보내고 싶다

낯선 이의 등을 빌려서라도 기대고 싶고
마음 밑으로 흘러내리는
외로움의 절반이라도
툴툴 털어 보내고 싶다
볼을 스치는 바람마저도 반가울 쓸쓸한 날에는
빈 가슴 부여잡고 울어도 좋으리.

우리가 사랑했던가요

우리가 사랑했던가요
지독히 아픈 마음 돌이킬 수 없는데
하늘 아래 당신과 나 많이 사랑했었는데
이젠 떠난 그대가 너무 미워요

별처럼 반짝이던 사랑이
뭉게구름처럼 둥둥 떠다니던 사랑이
하늘 아래 당신과 나 많이 사랑했었는데
이젠 멀어진 그대가 너무 미워요

가슴이 아파요
숨을 쉴 수가 없어요
혼자서는 아무것도 할 수가 없어요
이젠 남이 된 그대가 너무 미워요.

블랙커피

향만 달콤하네요
그대 속삭이던 다정한 언어들처럼

맛은 쓰네요
그대 떠나던 뒷모습처럼

뜨거움은 남아서
열정적인 날들을 기억나게 하는데

갈색 빛 어두움엔
이미 사용기한 지나버린 숫자처럼

퇴색해 버린 영혼들이
또 나를 버리고 흩어지네요.

당신이 참 좋아요

이러면 안 되잖아요
이렇게 가슴이 뛰면 난 몰라요
귓가엔 그대 목소리만 맴돌아 웃음 짓게 하고
창밖을 내다보는 버릇이 생겼어요

이러면 안 되잖아요
온종일 그대가 뭘 하고 있는지
자꾸만 궁금해지는 시간이 많아지게 되고
기다리는 버릇이 생겼어요

그래도 기다리는 시간 행복이에요
그래도 보고 싶은 마음 기쁨이에요
하루에도 몇 번씩 거울을 보게 하는
당신이 참 좋아요.

나보다 나를 더
사랑하는 님이시여

못난 나를 나보다 더 아끼고 사랑하는 님이시여
두 번 태어나도 그 큰 사랑에 드릴 것이 없습니다

울어도 기쁜 눈물이 되고
웃으면 행복이 배가되어
가슴은 두근거리고 벅차오릅니다

해 저문 들길 속삭이는
억새들의 수런거림 조차 이젠 행복입니다

모자람 많은 나를 부족한 나를
그저 예쁘다 하시는 당신
죽어도 그 큰사랑에 또 드릴 것이 없습니다

그저 빈 마음에 차오르는 그리움과
싸늘히 식었던 가슴속에 채워지는 환희와
멍한 머릿속에 차곡차곡 기억되는
당신 향한 사랑으로 살 수 있음을
나보다 나를 더 사랑하는 나의 님이시여.

그대 넓은 가슴에서

쉬고 싶은 날 간절했습니다
조용히 건너다보며 응원하시는
그대 가슴에서

백날 천 날 아팠던 기억
다 떨쳐버리고 이젠
그대 가슴에서 쉬고 싶습니다.

눈이 온다며 목소리 듣고 싶다던
맑은 웃음 건네는 그대가 좋아서
아이처럼 설레 봅니다

보고 싶었다는 열 마디 말보다
그저
별일 없느냐고 물어오는
그대가 훨씬 좋습니다

오늘은 그대 가슴에서 설레이고
내일은 그대 가슴에서 쉬고 싶습니다.

당신 때문에

하루도 당신 생각에서 벗어난 적 없습니다
아프면 아픈 대로
슬프면 슬픈 대로 당신을 생각하며 울었습니다

사는 일이 서로에게 아픔이고 절망일 줄은 몰랐습니다
그래도 한 가닥 미련 때문에 정 때문에
이렇게라도 살아야 한다고 생각했었습니다

그런데 이젠 아닙니다
아무것도 해줄 수 없고
어떤 위로도 해줄 수 없는 내가 참 많이도 아픕니다

퍼내도 마르지 않는 옹달샘처럼
내 눈물은 끝이 없나 봅니다
흘리고 또 흘려도 끊임없이 흐릅니다

당신 때문에 이렇게 아파하며
당신 때문에 이렇게 슬퍼하며
당신 때문에 이렇게 울며 살아갑니다.

가슴이 아픈 사람은
가만히 있어도 눈물이 난다

날 봐
왜 이렇게 울고 있는지
날 봐
왜 이렇게 아파하는지

꽁꽁 얼어붙는 겨울날처럼
가슴이 온통 얼음 밭이야
아픈 가슴을 치유할 수 있는 사람은 너야
모진 눈물 흘리게 한 바로 너야

이 가슴 다 녹으려면 많은 시간이 걸릴 거야
도중에 내가 죽을지도 몰라
무너지는 가슴 두드리며
밤마다 소리 없는 눈물 흘리다가
내가 죽을지도 몰라

숨 한번 쉴 때마다 가슴이 아파
가만히 있어도 눈물이 나.

그대를 위해
가슴을 열어놓겠습니다

마른 봄바람에 가슴에선
바스락거리는 소리가 들립니다
그대를 기다리다
지친 내 마음인양 아십시오

백목련은 황홀하도록 아름답고
가슴은 울렁증에 걸려 떨려옵니다
귓전을 맴도는
그대 목소리가 들리는 듯하고

한순간도 잊지 못하는
그대 이름은 이미
가슴속에 각인 된지 오랩니다
매일 뜨고 지는 태양처럼

가슴에서 지우기 힘든 사람입니다
어제도 오늘도 내일도
오직 그대만을 위해
가슴을 열어놓고 있겠습니다.

그대라는 이유

아직 한 번도 나 그대 이름 불러 본적 없습니다
그저,
바라보기만 할 뿐

나 아직 그대 이름을 불러 본적은 없습니다
그저,
그리워할 뿐

단 한 번도 입에 올리지 못함은
단 한 번도 그대 이름 불러 보지 못함은
가슴으로만 그리워해야 할 수렁이기 때문입니다.

비 되어 당신에게 갈거야

메말라 갈라진 당신 가슴인가요
이슬비 몇 방울 내리지 않던가요
돌아선 마음 당신 맞나요

추억 한 조각도 남아있지 않나요
소낙비 한차례 내리지 않았나요
두고 간 내가 그립진 않던가요

돌 되어 식어버린 당신에게
열정의 사랑 비로 갈래요
메말라 갈라진 당신 가슴에.

차가운 당신

이제 아쉬운 마음 몇 날 뿐입니다
이해 가고 나면
다음날엔 당신을 지우겠습니다
사계절을 두고 아팠던 기억
봄 오는 소리 듣지 못했고
여름 장맛비에도 마음은 젖지 않았고
쓸쓸히 떠나는 가을비도
보지 못한 장님이었습니다

당신 마음처럼 차갑디 차가운
겨울비 한차례에 몸도 마음도
그저, 얼어붙고 말았네
난로 하나 피웠지만
그 온기로도 다 채울 수 없는 마음
그 열기로도 녹일 수 없는
얼어붙은 빙산이 되었네요
몇 날만 견딜래요
다음 날엔 당신을 지울 거예요
참 차가운 당신
그래도 당신 행복하소서.

사랑..그리고

그깟 사랑이 뭐라고 울까요
사랑하다 돌아서면 그만인데
반짝이던 눈빛 포근한 미소
이젠 그만 다 잊었나요

잠에서 깨어 그댈 찾아도
떠나버린 자리 먼지만 남아
다정했던 말 사랑해 사랑해
이젠 그만 다 버렸나요

가슴엔 바람만 불어
보이지 않는 그댈 불러도
대답 없는 메아리만 날 울려요
울리지 마요 울리지 마요

가슴이 아파 숨 쉴 수가 없는 건
아직도 그대를 사랑하나 봐요
아직도 그대를 사랑하나 봐요.

지독한 고독 아무 말 마라

가슴 끝에 날카로운 송곳이 와 닿는 느낌
서슬 퍼런 두 눈으로 하늘을 바라봐도
자꾸만 눈물이 난다

걸어도 끝이 없는 사막 가운데 버려진 것처럼
그림자 하나 없는 뜨거운 목마름에
훅훅 살갗을 파고드는 열기에

온몸의 세포는 말라 틀어지고
수분은 다 빠져나가
바스락 소리가 날 것처럼 공허하다

누가 울어봤다던가
아무도 없는 넓디넓은 공간에 버려진 고독
아무 말 마라.

사랑은 아프다

이젠 그대에게 내가 보이지 않죠
다정히 걸었던 그 길이
가시밭길이 란걸 이제야 알아요

사랑은 아프고 아파서
피고름이 터져 흘러도
그대만 있다면 웃을 수 있을 텐데

더 이상은 견딜힘이 없는 내가 슬퍼서
아물지 못하는 상처 돌이 된다 해도
이대로 돌아서 아프고 말래요.

마음 채우기

한 걸음 두 걸음 다시 걸어봐요
뒤뚱거리기를 수십 번
그래도 위태로운 걸음
슬며시 겁이나요

텅 빈 껍질 속 허망함은
이제 버리기로 해요
걷다 보면 쉬운 걸음 법을 배우겠죠
조금은 용기를 가질래요

차곡차곡 빈 마음 밭에
하나둘씩 채우다 보면
튼실한 속내를 얻을 수 있지 않겠어요
이젠 웃을래요.

멍에

추적이며 내리는 비에
두 볼을 타고 흐르는 것은
빗물인 줄 알았더이다
감출 수도 없고
내쳐 버릴 수도 없는 감정은
끝끝내 나를 가두고 말았음을 압니다
쉽게 맺은 인연은 아닐진대
인연은 멍에가 되어
온몸을 사슬로 칭칭 감아 묶어두고
돌아서려 해도
쉬 돌아설 수 없음은
나로 인해 울음을 토하게 하고
긴긴 한숨 토해내어
젖은 눈을 만들고 맙니다.
끊을 레야 끊어 버릴 수 없는 굴레가 되어
가슴을 옥죄게 하고
울어도 울어도 시원치가 않은
멍울이 되어
긴긴 시간 동안
내 가슴에 시퍼런 멍만 남기고
이렇게 긴 세월을 또 살아야 합니다.

사랑아 놀러가자

계곡으로 산으로 내 사랑아 놀러 가자
찌는 듯한 더위는 차가운 계곡물에 발 담그고 잊자
아픈 맘일 랑도 시원한 바람에 날려 버리고
이쁜 우리 사랑만 가득 담고 그렇게 놀러 가자

티격태격 눈 치켜 뜨다 보면
너도 밉고 나도 밉고
돌아서서 속 울음 토하지 말고
내 사랑아 놀러 가자

졸졸 흐르는 물소리와 산새 소리
나뭇잎 사이로 보이는 손바닥만 한 파란 하늘 함 보자
그 작은 사이로 네가 있는지..내가 있는지

밉살스런 마음
뾰족한 마음
심술궂은 마음
모두 버리러 내 사랑아 놀러 가자.

3부.

바람 부는 날엔 호숫가를 걸어요

바람 부는 날엔 호숫가를 걸어요

바람 부는 날엔 호숫가를 걸어요
반짝이는 물결 잔잔함 속으로 퍼지는 고요
마음속 깊은 심연의 우물에
가득한 당신을 떠올려요

흰 나비 떼 어지러이 날면
나도 나비 되어 날아올라요

바람 부는 날엔 호숫가를 걸어요
보고 싶은 마음 구름에 매달아 날려 보네요
사랑하는 마음 구름에 띄워 보네요

지는 노을에 물드는 그리움
두 볼에 불에 붉게 내려앉아요
바람 부는 날엔 호숫가를 걸어요.

아프지 않은 사랑은

시작된 지금은 아프기만 하고
돌이킬 수 없는 상처 흔적만 남아
갈라진 가슴 사이로 바람이 듭니다

아프지 않은 사랑은
사랑이 아니라고 고개 저어 봐도
눈물범벅이 된 아픈 가슴은 삭일 수 없습니다

죽어서도 남을 이 모진 사랑은
혼자서 간직해야 할 짝사랑 일지라도
핏빛 상처에 새살이 돋지 않아도
기꺼이 사랑해야 할 아픈 사랑입니다.

보고 싶은 날엔

산 그림자 내리는 저녁입니다
까마득한 그대 얼굴 기억나지 않아
가슴이 아픕니다

사랑한다고 사랑이 다 이루어지지 않듯이
버린다고 사랑이 버려지지 않듯이
내 사랑도 아픕니다

마음엔 온통 촘촘히 박힌 가시가 아프고
가슴은 녹이 슬어 삐걱이며 소리를 냅니다
온몸이 아픕니다

절대로 변하지 않을 것 같던 사랑
결코 떠나지도 버리지도 않을 것 같던 사랑이
하늘이 무너지는 아픔을 주고

끝내 미련을 버리지도 못하게 만들어 놓고선
그렇게 떠나갔습니다
떠나간 자리 아프고 서러워
그저 아리도록 절절한 명치끝 파고듭니다
보고 싶은 날엔.

내 허락 없이 가슴에 들어오지 마

그냥 스쳐 지나가는 바람이라면
허락 없이 내 가슴에 함부로 들어오지 마
여린 가슴에 뜨거운 불 지펴놓고 가버릴 거면
눈물만 주고 바람처럼 가버릴 거면

아침 이슬같이 해가 뜨면 사라지듯
바람에 꽃잎이 떨어지듯
그렇게 가버릴 거면 내 가슴에 들어오지 마
그리움만 잔뜩 안겨주고 잠 못 들게 할 거면.

그리움아 내게서 멀리 가라 1

잿빛 하늘이 우울을 더 하는 오후
공허한 하늘엔 비바람만 돌고
어둑한 찬 공기 마음에 일면

들고 나는 허허로움 이중 삼중 못 박힌
그리움이 숨 못 쉬어 가슴팍으로 튀어나오고
장승처럼 굳은 몸 피 흐름 멈춰

갑자기 멈춘 심장 온기 없고
두 손 두 발 움직일 수 없어
숨 삼킨 몸뚱이 돌 됨이 오히려 좋으리

이런 날엔 그리움아 내게서 멀리 가라
견디기 힘든 온몸
온 정신이 더 이상 버틸 수 없으니
이런 날엔 그리움아 내게서 멀리 가라.

그리움아 내게서 멀리 가라·2

한 계절이 시작되듯
제 가슴에도 그렇게 그리움이 왔습니다
이유도 알 수 없고 만날 수도 없지만
아련한 그리움을 몰고
구름처럼 그리움이 왔습니다

봄비가 내리 듯 조용히 다가와
반짝이는 은물결처럼 가슴속에 차오르고
나풀거리며 흔들리는 고운 낙엽처럼 웃으며
아련한 그리움을 몰고
황홀한 저녁놀처럼 그리움이 왔습니다

지키지 못할 그리움이라면
애초에 오지 마세요
혼자 울게 할거라면
날 보며 웃지도 마세요

빈 유리잔에 비친 맑은 햇살처럼
웃어줄 자신도 없어요
아침 이슬처럼
반짝이지도 않아요
지키지 못할 그리움 이라면
내게 오지도 마세요.

그리움아 내게서 멀리 가라·3

어느 하루라도 당신 생각이 떠난 적 없습니다
눈뜨는 시간부터 눈을 감는 시간까지
온통 하루가 당신으로 인해 살아가던 나였지요

그리운 마음은 곁에 있는 당신에게서
채워지지 않았나 봅니다
머리도 가슴도 마음까지도 말입니다

왜 그리도 먼 타인처럼 느껴지던지
어찌하여 나 혼자만 그리움에 지쳐서
눈물 흘리게 만들었나요

바람에 흔들리는 나뭇잎처럼
비에 젖어 떠는 작은 새들처럼
온몸은 사시나무 떨듯 떨립니다

그리움의 강은 너무 넓고
부르튼 발은 당신을 따르기엔
너무 힘들고 아파서 죽을 거 같습니다.

산다는 건·1

산다는 건 결국 숨 쉬며
보고 듣고 말하며 울고 웃는 것이다
때로는 절망의 늪에 빠져
허우적거리기도 하고
가끔은 떠나는 이의 뒷모습을 보면서
통곡하기도 해야 한다

아이의 해맑은 웃음 같은 기쁨도 있고
허망하게 스러져 가는
노쇠한 모습의 안쓰러움도 있다
햇살같이 반짝이는 환희와
사랑하는 이의 행복한 미소가 있다

산다는 건 결국
어느 누구도
그 모든 것들에서
벗어날 수 없다는 것이다.

산다는 건·2

쓰린 가슴 부여잡고
울어보지 않은 사람은 알 수 없다
어느 한순간 눈물 흘려보지 않은 사람은
절대로 알 수 없는 일이다
얼마나 아프고 힘이 들어야
살아가는 일이 몸에 밸 수 있는 일인지
울고 울어도 눈물이 마르지 않는다는 걸

한 번씩 흔들리며 바람에 쓸려 다녀 봐야 하고
넘어지는 순간 피 같은 절규를
몸 밖으로 내 보내는 고통을 몸부림을
손끝에 든 가시처럼 아프지 않았다면
절대로 모를 일이다

험난한 파도 같은 세파도
얼음장 같은 차갑디 차가운
세포가 갈라지는 고통을 모른다면
절대로 인생을 알 수 없는 일이다
그 정도의 고통을 모른다면
눈물과 한숨과 고통이 동반한다는 사실을.

머리 자르는 여자

집 나선 여자는 갈 곳이 없다
무작정 걸어 미장원 문을 열고 들어선다
할 일이 없어서도 아니다
그저
갈 곳이 없다
하루를 피하듯
모두를 피하듯
그렇게 미장원을 들어왔다
머리를 자르고
파마를 하고
그렇게 회피하고 싶은 일들을 만든다
이유는 많다
그렇게라도 하지 않으면
여자는 쓰러진다
그렇게 머리를 자르고 마음도 자른다
모든 걸 그렇게 잊어버리고 싶은
여자 마음이다.

그대가 행복하면

바람만 햇살만
가득한 날이에요
마음속에
그대도 가득하구요
행복해서 웃는 걸 보면
가슴이 따뜻해져요
그대가 행복하면
나도 행복한걸요.

마음 흔들릴 때는
그대를 불러보는 게야

오지도 가지도 못하는 중간쯤에서
지쳐 쓰러질 듯 위태로운 마음
중심잡지 못하고 흔들리거든
가만가만 하늘을 보는 게야

바람소리 귀 기울이면 서럽게 울고
하늘보다도 먼 거리에서 서성이다
돌아갈 자리마저 없어진 속빈 외로움
가만가만 흘러가는 구름을 보는 게야

흔들리고 서러운 마음
기대어 울고 싶은 날에는
그래도 한 번쯤은 소리쳐
그대 이름 불러 보는 게야
대답 없을 그대 이름을 불러보는 게야.

인생은 이유 없이 흔들린다

무작정 나선 길이 서럽게 흔들린다
갈 곳 없이 목적한 곳도 없이 그저 걷고만 있다
흐린 날씨처럼 마음엔 먹구름만 내려앉아
아무런 표정 없는
어두운 하늘은 내 마음 같아 웃고

힘없이 흐물거리는 걸음걸이
사방을 둘러봐도 난 그저 이방인처럼 외톨이다
가만히 앉아있어도 달음질쳐 봐도
아무런 내색 없는 사람들이 외계인 같아 웃는다

사정없이 불어대던 돌풍도
뜨거운 열기를 품어내던 태양도
흔들리는 마음을 달래주진 못한다
그저, 무미한 웃음만 바보처럼 입가에 들러붙는다.

이유 없이 흔들리는 인생은 그래도 흘러간다.

인생은 봄바람처럼

간혹, 산들산들 부는 봄바람에
여염집 아낙네들이 가슴 설레며
들녘으로 냉이며 쑥을 캐러 나가듯이
나도 살랑이는 봄바람 따라 수줍은 처녀 되어
혼자 설레고 가슴 뛴들 누가 뭐라 하겠어요

곱지는 않지만 억지 미소 띄워본들 누가 쳐다보지도 않겠지만
그래도 처녀 적 두 볼 볼 그래 복사꽃 같던
그때를 떠올리며 혼자 웃은들 누가 뭐라 할까요

인생은 봄바람처럼 가끔 혼자 들뜨게 하고
인생은 봄바람처럼 흙먼지를 일으켜도
순간순간 올라오는 그리움 같은
두고 온 먼 옛날
첫사랑 만나듯이 벅차도 누가 뭐라 하겠어요

인생은 봄바람처럼 혼자 흔들리는 것을.

서로 사랑하면 안되겠습니까

가슴속 가득히 차오르는
당신을 사랑하면 안됩니까
잠 못 드는 밤 온통
당신 생각으로 별을 헤는데
보고 싶은 마음 죄가 됩니까
그리운 마음도 죄가 됩니까

귓가엔 당신 목소리 맴돌고
두 눈엔 당신만 보이는데
따스한 당신 손 한번
잡아보면 그것도 안됩니까

그리워하고 보고 싶어 하는 것이
따뜻한 가슴으로 포근히
안아보고 싶은 것이
절대로 용서되지 못할
일은 아니지 않습니까

사랑합시다
당신과 나
사랑하면 안 되겠습니까.

이제 시작이야 너를 사랑하는 일

나를 봐 이렇게 널 원하고 있잖아
밤새도록 너를 그리다 눈물로 아침을 맞았어
그래도 이런 마음 행복이야 너만 있으면
하루 한 시간이 너무 길어 마음은 너에게 달려가

아침 창에 들이치는 저 밝은 태양도
너로 인해 빛나는 거야
너만이 날 빛나게 할 수 있어
너만이 날 살게 해
수없는 밤을 기도해도 끝도 없이 네가 그리워

나를 봐 이렇게 널 원하고 있잖아
어떤 꽃도 어떤 보석도 내 눈엔 보이지 않아
그보다 더 반짝이는 네가 내겐 보석이야
너만 있으면 그 어떤 일이라도 난할 수 있어
이제 시작이야 너를 사랑하는 일.

가슴속 사랑은 버려

골동품 같은 사랑 집어치워
가슴 아픈 사랑도 버려
그저,
눈에 보이고 만질 수 있는 게 사랑이야

숭고한 사랑
가슴만 아픈 사랑
모두 버려
그저,
바라볼 수 있는 게 사랑이야.

거울보기

반짝이는 투명함 속에 비친
늙다리 아줌마
하루에도 몇 번씩 들여다봐도
조금도 달라지는 건 없어

있잖아...나 속으로
혼자 제일 이쁜 척 잘난 척 했거든
하루에도 몇 번씩 거울 보며 말이지

자세히 보니
내 속이 너무 검어
욕심 가득한 보따리야
감춘다고 감춰지지도 않는 속이 다 보여

반짝이는 투명함 속에 비친
늙다리 아줌마
이젠 고운 마음 고운 웃음
넉넉하고 용서하고 이해할 줄 아는
아름다운 얼굴을 갖고 싶어.

사랑 한다고 말하지마

사랑 한다고 말하지 마
거짓말이었다고 말해 줘
잊지 못하는 내가 돌아설 수 있게

그리워한다고 말하지 마
거짓말이었다고 말해 줘
기다리는 내가 돌아설 수 있게

보고 싶었다고 말하지 마
거짓말이었다고 말해 줘
눈물로 지새는 내가 돌아설 수 있게.

사랑은 바보나 하는 것

사랑하지 마
좋아하지 마
그리워도 하지 마

그건 다 위선이야
모두 다 거짓이야

눈물 뚝뚝 떨구다
돌아서면 웃을 거야

사랑하지 마
애처로워도 하지 마
보고파도 하지 마

사랑은 바보나 하는 짓이야.

민들레 홀씨되어·1

봄바람에 시름 잊고
살랑살랑 떠다니다
어느 님과 눈 맞으면
사뿐히 자리 잡아

비 맞고 뜨거운 태양
맞아 쉬었다가
가을 낙엽 이불 삼고
흰 눈 배불리 먹어

긴 잠자고 일어나
포근한 봄바람에 기지개 켜며
새로운 시작을 하는
널 닮고 싶어.

민들레 홀씨되어·2

남실남실 살랑살랑
하얀 속치마로 치장한
수줍은 새색시

두 볼 방그레 춤사위
근심도 없어
걱정도 없어

바람에 몸 맡겨
어디든 떠나는
널 닮고 싶어.

촛불 하나

어둠을 밝히려 촛불 하나 켰어
그 작은 촛불 하나 흔들리며 제 몸 살라
내 눈을 밝게 해

감사한 거야 새삼
늘 있던 자리
늘 있던 사물들

한순간 잃어버리게 되면
무서움마저 들어
작고 사소한 일상들 사물들

자연스레 들이마시는
공기조차도 얼마나 고마운 일인지
감사한 거야
제자리에 있다는 거.

마음 버리기

살다 보면 아픈 일도 있겠지요
넘어져 피가 날 수도 있고
다툼에 눈물도 흘리겠지요

잡을 수 없는 미련을 붙잡고
몸부림치기도 하고
섭섭한 마음에

가슴 한구석 싸하게 시리기도 하겠지요
그래도 마음을 비우고
욕심도 버려야겠지요

그저 웃음 한번으로
그저 눈물 한번으로
그렇게 마음을 버려야지요.

기억은 리필 중

하늘은 잿빛이어요
눈이 올 거 같은데…
문득 그대 생각이 나네요

잘 있나요
여린 가슴 울리고 간 그대
잘 있나요

그날처럼 여전히 날은 어둡고
하늘을 나는 새들도 추위를 타나 봐요
구름은 제각기 눈을 준비하는지
싸늘한 바람을 일으키네요

오늘 하루도
그대 생각 떨쳐 버리려 마음먹었지만
기억은 아직도 리필 중이어요.

마음 말리기

눈이 온다면 참 좋겠어요
오염된 마음 눈빛에 널어 말리게요
마음 맑아지면 세상이 아름다워 보이겠죠

햇살에 반짝이는 나뭇가지의 찬란함도
바람 한 조각에 우수수 떨어지는 찬란함도
보석같이 빛나는 화려함의 잔치도
날 위해 웃을 거예요
눈이 온다면 참 좋겠어요.

4부.

가을하늘처럼 살고 싶었습니다

가을하늘처럼 살고 싶었습니다

가을하늘처럼 투명하게 살고 싶었습니다
가끔은 아프고 슬픈일 생기더라도
맑고 푸른 가을하늘처럼 살고 싶었습니다

행복한 일 생기면 나누고
슬픈 일 생기면 서로 감싸주고
그렇게 말입니다

잠자리 떼 두팔벌려 어지럽게 날고
따사로운 햇살 들판을 비출 때
아주 고운 시선으로 바라보고 싶었습니다

욕심은 반으로 줄이고
너그러움은 배로 넓혀
큰 가슴을 나누고 싶었습니다

가을하늘처럼 살고 싶었습니다

가을 냄새

저문 바람에
서걱대는 수숫대 소리가 마음을 흔듭니다
이렇다 할 수선스런 맘은 없어도
이렇다 할 수선스런 기쁨은 없어도
그저
술렁술렁 마음을 흔듭니다

가슴 내밀어 숨 한번 크게 들이쉬어
바람 냄새 가을 냄새를
폐부 깊숙이 들이마셔
찌든 속을 정화시킵니다
가을 냄새
가을 냄새가 참 좋군요.

인생은 꿈이다

인생을 살다보면
녹슨 기찻길 버려진 것처럼
버림받을 때가 있다

모질게 달라붙는 애착도 욕심도
결국엔 허망한 꿈이란 걸 알게 되
미련이란 걸 버릴 줄도 안다

찰라 적인 것들의 속박에서 벗어나면
환하고 밝은 태양빛도 웃는다
나도 결국엔 가벼워 질 수 있다

인생은 꿈이다
속고 속이는 파렴치함을 버리면
얼굴엔 피안의 미소가 떠오르게 마련이다.

그대 그리운 날

가슴엔 탱자나무 가시처럼
악센 증오만 남고
시리도록 아픈 마음이
겨울 밤 찬바람처럼 울어대면

이젠 그만 그대를 잊고
훌훌 떠나자고
마음 깊은 곳에선
비명을 질러 대는데

어쩌자고 그리운 마음
자꾸만 커져
장맛비에 계곡을 쓸고
지나가는 흙탕물처럼
속도 보이지 않은 채 휩쓸려 가는지

어느 곳을 둘러봐도
한 몸 설자리 없는데
그리움만 혼자 분꽃 씨처럼
까맣게 태운다.

그대로만 있어줘

나 그냥 니 옆에 머물 수만 있게
그대로만 있어 줘
가지 마 멀리가지 마
너 없인 나 쓰러질 거 같아
가슴이 아파
바라볼 수 있게 그대로만 있어줘
하루하루 해가 바뀌어도
오직 너만 기억해
내 머리 속엔 온통 너 뿐이야
두 눈엔 니가 담겨서
아무것도 볼 수 없어
그대로만 있어줘.

가을 외로움

살다보면
하늘 보며 울날도 있겠지요
살다보면
밤새도록 잠못들고 서성이기도 하고

가슴은
구멍든 엿가락처럼 바람이 들고
눈물은
여름날 장맛비처럼 그칠 줄 모르죠

낙엽지는 가을날
메케한 연기가 눈에 들어간 것처럼
눈가에 아픈 방울들이 매달려 흐르고
상처 난 가슴은 하얀 눈에 덥혀
꽁꽁얼어 붙어 동사라도 했으면

그 아픔을
어찌 다 이겨내며 살아가야 하는지
가을엔 더 외롭고 아픈데...

우리 그렇게 살아요

아침 창으로 들이치는 눈부신 햇살을
당신과 함께 하고 싶은 건
그리 큰 욕심은 아닐테지요

머리맡에 놓인 당신마음 같은
김 오르는 커피한잔 또한
너무나 감사하고

들꽃 길 따라 나란히 걸으며
수수한 웃음 건네는 당신 눈빛이면
그저 잔잔한 행복일테지요

비가 오는 날이면 우산을 건네는
당신 품에 뛰어들어 흠뻑 젖어도
따스한 온기를 느끼면 저절로
가슴이 벅차오르겠지요
그렇게 작은 일상들 중에서
당신이 눈앞에 있던 보이지 않던
함께 있다는 것 만으로도
위안이 되고 힘이 되겠지요

우리 그렇게 살아요
당신과 나 늙어 힘없고 외로울 때
구부러진 허리, 주름투성인 얼굴 마주보며
가려운 등 긁어주며...
우리 그렇게 살아요.

가을엔 바람도 외로운가 봅니다

창문을 흔드는 바람도 외로운가 봅니다
가을이면 마음은 절로 우수에 젖기 마련인데
저 바람도 나만큼 외로운가 봅니다.

떨어지는 낙엽들이
바람에 춤을 추듯 나풀거리고
길가엔 수북하게 쌓인 외로움들이 바스락 거립니다

지나온 흔적만큼 얼굴엔 주름이 하나씩 자리를 잡고
웃음 뒤엔 살아온 그늘이 살며시 숨어 앉습니다
어쩌자고 바람은 외로운 마음을 더 흔들어 대는지

가을엔
먼 여행을 떠나는 이처럼
바람도 그렇게 외로운가 봅니다.

나 늙으면 당신이랑·1

나 늙으면 당신이랑
시골 자그마한 산 아래
양지바른 곳에
작은 토담집 짓고 텃밭 일구며
그렇게 살고 싶다.
호미랑 낫이랑 곡괭이 벗 삼아
날 좋은 봄볕에 밭이랑 일궈서
상추랑 배추 씨앗 뿌리고
소복소복 올라오는 새싹
멀리 나간 자식들 보듯이
물주고 잡초 뽑아 보살피며
그렇게 살고 싶다
비 오는 날은 문살 창 열어놓고
따끈한 커피 한잔 나눠 마시며
두런 두런 옛 이야기 하며
그렇게 살고 싶다
봄볕에 영근 채소들 깨끗이 씻어
보리밥에 된장 얹어 한 쌈 싸서
당신 입에 하나 가득 정 곁들여 먹여주고 싶다
나 늙으면 그렇게 살고 싶다.

나 늙으면 당신이랑·2

토담집 담장은 없애야지
키 큰 접시꽃 심어 울타리 만들고
봉숭아 채송화 예쁘게 꽃피워
오며 가며 웃음 건네고

여름 장맛비에 흙탕물 되어
내리던 개울물 줄어
속 맑았게 보일 때쯤이면
송사리가 헤엄쳐 다닐 거야

봄나물 걷어낸 자리엔
토마토 가지심고 오이 심어
막대하나씩 꽂아 넝쿨 오름 대 만들어 주고
한여름 아이들 휴가 내려오면
길러낸 토마토 소쿠리에 씻어 건져
반짝반짝 예쁜 내 새끼들 입에 넣어줘야지.

구부러진 허리 주름진 얼굴
거칠어진 손잡고 당신이랑 마실 다니며
나 늙으면 당신이랑 그렇게 살고 싶어.

나 늙으면 당신이랑·3

고구마는 캐다가 방 윗목에 싸리발 엮어 잘 모셔놓고
겨울 추운 날 따뜻하게 보내려면
장작개비 쪼개어 쌓아놓고
잔솔가지도 모아다 겨울채비 해야지

마당가 감나무 감 빨갛게 익으면
껍질 깎아 실에 꿰어 앞마루 추마에 걸어 말리고
가을볕 따사로울 때 손잡고 장터가자
모락모락 김 오르는 국밥 시켜 호호 불며 맛나게 먹고

돌아오는 길엔 두 손 가득 먹 거리 사서
지는 해 벗 삼아 그렇게 돌아오자
나 늙으면 당신이랑 친구처럼 그렇게 살고 싶다.

가을이 가는 소리

사르락 사르락 아픔 삼키며
제 몸 떨구는 소리
온 여름 빛나던
그 풍요로움은 어디로 갔느냐

붉음의 정열로
노랑의 질투로 슬픔을 견디던
낙엽 너 가는 소리 였구나
가을 너 가는 소리 였구나.

그리움

온 세상 노랑으로 물들고
온 세상 빨강으로 물들어
지천으로 깔린 색깔들이 노래한다

물속으로 스며드는 고요
바람으로 전해지는 잔잔한 그리움
모든 것이 하나 되어 노래한다.

뾰족구두

언젠가부터 신지 못하는 뾰족구두
참 이상해
내가 여자가 아닌 듯 살아가는 날이 언제부터였는지
아무리 생각해도 모르겠어

한껏 멋을 내고
옷 색상에 맞춰서 신고 나서던 그 뾰족구두를
내 곁에 두지 못하며
살아온 날들이 얼마나 되었는지

길가다 들려오는 또각또각 소리
참 부럽기도 하고
때론 헛웃음이 나게 하거든

내가 여자이기를 포기한 채 살아온 날들이
참 오래 된 거 같아
다시금 신어볼 수 있을지 모르지만

나도 스커트에
세련되고 예쁜 뾰족구두를 신고 싶어.

그대는 아시나요

불어오는 칼바람쯤은 아무렇지도 않아요
쌓인 눈에 발목이 빠져도 괜찮아요
가슴으로 스미는 뼈가 녹는 시려움만 못하지요

꽁꽁언 두꺼운 얼음보다도
지나간 날들의 추억들이 더 아프네요
봄날 따사로운 볕에도 녹지 않을
멍든 그리움들이 더 아프네요

가슴으로 소리치는 고통
머리로 기억되는 되돌이표
지울 수가 없네요

잠 못 드는 마음
눈뜨고도 못 보는 장님
귀로 듣지도 못하는 귀머거리
입으로 말하지 못하는 벙어리

그대는 아시나요
혼자 그리움 삭이는 아픔을
그대는 아시나요.

이 나이쯤이면

한번은 그리워지는 사람
하나쯤은 없겠는가
서로 보고 싶어지는 마음
가끔은 가슴에서
잔잔한 물결처럼 일고
일렁이는 바다
잠시 바라보고 싶은
그런 마음 없겠는가

이 나이쯤이면
한번은 사랑하는 사람
하나쯤 간직 하고픈 마음 없겠는가
어느 길에서라도
우연 처럼 만나지는 그런 필연을
지는 노을 바라보며
두손 잡고
그윽히 마주 보고픈 그런 마음

남은 생
어느 눈오는 밤 뜬눈으로 지새는

그런 아린 아픔 하나쯤
간직하고 싶지 않겠는가
새야한 빛 아침
처마 밑 고드름 같은
반짝이는 눈망울 기억하며

그 고운 눈물같은
그리움으로 살아가고픈
뚝뚝 떨어지는 그리움으로
살아가고픈 마음 없겠는가
누군들...

이 나이쯤이면·2

얼굴에 하나 둘 생기는 주름이
그저
자연스럽게 느껴지겠죠

고통의 무게도 실제보단 작게 느껴지고
슬픔의 눈물도 조금은 삭일 수 있지 않던가요

얄팍한 생각 속 욕심만 늘려가던
젊은 날 보다는
그저
숨 쉬듯 물 흐르듯 여유로워 지지는 않던가요

이 나이쯤이면
돌 같은 미움도 조금은 희석되어 엷어지고
시야는 더 넓어져 심안의 눈으로
세상을 보게 되지 않던가요

두려움쯤도 그저
쌓아온 연륜으로 밀어내고
서러움 정도는 웃으며 바람에 날려 보내고

실 같은 희망이라도
가득 가슴가득 감싸 안아
나이에 걸 맞는 얼굴을 가져야 하지 않을까요
이 나이쯤이면..

꽃이 지는 날

서러움에 꽃이 지는 건 아니라오
화사하게 피었던 꽃들도 때가 되어 가는거지

서러움에 꽃이 지는 건 아니라오
만발했던 아름다움 벗을 때가 되어 가는거지

꽃보다 더 아름답고 고귀했던 사람도 가는거요
이슬처럼 맑고 투명했던 그 사람도 가는거요

때가 되면 꽃이던 사람이던 그렇게 가는거요
꽃처럼 볼품없이 사람도 그렇게 가는거요

꽃이 진다고 서러워 마오
사람이 간다고 서러워 마오.

퍼내도 끝이 없는 그리움

두레박으로 퍼 올리듯 그리움을 퍼 올립니다
끝도 없는 목마름으로 우물가에서 밤을 지세도
끝내 그리움을 다 퍼내지 못했습니다

넓다하는 하늘도 그 안에 갇혀
감히 올라 올 생각조차 못하고
바람도 그곳을 들어가지는 못하나 봅니다

행여 하는 마음에 들여다보면
내 님만 하얗게 웃습니다
일렁이는 내님 얼굴만 곱습니다

오늘은 꽃잎하나 따다
하얗게 웃는 내님에게 보내 봅니다
꽃잎이 내님처럼 곱게 웃습니다.

마흔 여섯의 사계

처음엔 꿈결인 줄 안게야
그만한 사랑 없다고
행복도 가득한 줄 안게야
그만한 사람도 없다고

아지랑이처럼 어지러운 유혹이
사랑인 줄 알았고
봄 눈 틔우는 희망인 줄 안게야
그게 사랑이라고

뜨거운 태양이 부럽지 않았어
내 사랑이 더 뜨겁다고
작은 소망 기대 꿈 행복
그걸로 충분하다고 말이야

울긋불긋 예쁜 단풍들은
살아가는 행복이고
퇴색해 날아가는 낙엽들은
눈물이 되어 흩어져
서서히 무너지는 탑이 된게야

살얼음판 같이 초조하고
불안한 허망함
세찬 눈바람 맞고 다 얼어버린 게야
사랑도 꿈도 행복마저도
모두 얼어버린 빈 상태로

고칠 수도 없고
감각마저 굳어버린
가슴은 심장 뛰는 소리만 들려
칠흑 같은 밤이 남았을 뿐이야

사철 변하지 않는
그저 푸른 소나무 같은 행복
그런 사랑은 내게 없었던 게야
아서 아서 눈물뿐이야.

마흔 일곱의 그리움은

자꾸만 세월 가다보니 그리움만 쌓입니다
흐르는 시간이 참으로 빠르기에
이마에 내려앉은 주름
하나에도 신경이 쓰이는 가 봅니다

닳고 닳은 마음은 서럽다 말을 하고
속내를 비워야 하는
고독함에는 눈물이 따릅니다
어쩌자고 자꾸만 아픔들이 목 메이게 하는지

가슴속을 투영하듯 누군가 날 지켜보며
어두운 그림자로 가득한 날 구해주길 바라며
욕심은 끝도 없이 바램을 가지게 하며
뜬구름을 잡게 하나봅니다

그래도 지나는 바람결에 좋은 소식오지 않을지
내리는 비에 희망이 피어나지 않을지
가슴속은 벌써 부풀어
둥실둥실 낮은 하늘을 떠 다닙니다

마흔 일곱의 그리움은 참 욕심이 많은가 봅니다
마흔 일곱의 그리움은 참 아픈가 봅니다.

나와 닮은 미련한 사람 찾아봐

나처럼 미련하고 둔한 사람이 또 없어서
내가 사랑할 한 사람을 찾지 못합니다
한곳만 바라보고
한 생각만 하고
한번 믿음엔 그 끝이 영원해야 하기 때문에

나처럼 미련하고 답답한 사람이 또 없어서
내가 사랑할 한 사람을 찾지 못합니다
가슴이 뜨겁지 않아도
화들짝 반기지 않아도
그저 편안한 미소로 따뜻한 눈빛으로 알 수 있는

그런 미련한 사람을 찾지 못해서
아직도 사랑할 한 사람을 찾지 못합니다.

서러운 꽃

남몰래 흘리는 눈물
붉은 석류속 보다 더 아파
살며시 고개 들어 하늘봐요

애간장 녹아 흐르는 시간
속내는 까맣게 타고
그럴 땐 먼 바다를 봐요

가슴에 피었다가
가슴에서 지는
서러운 꽃.

나도 울 줄 알아요

나도 울 줄 알아요
가슴속이 터질 거 같아서
나도 울 줄 알아요

나도 소리칠 줄 알아요
더 이상 못하겠다고
힘들어서 더 이상은 못살겠다고

소리 내어 울고 싶어요
엉엉 소리 내어 울고 싶어요
모든 게 내 탓이래요.

봄이 오는 소리

얼었던 땅이 녹고
희망처럼 새순이 미소를 짓는다
흐르는 개울물 소리
새들의 노래 소리

열병처럼 알았던 그 겨울이 떠난다
가지마다 톡톡 터지는 꽃망울들
마음마다 차가움 밀어내는 소리

두꺼운 옷 벗어던진 애기씨 들의 옷차림은
영락없는 무지개빛이다

거리마다 웃음이 번지고
거리마다 색들의 향연이 쏟아진다.

일방통행

사랑한다 말해도 들리지 않는 거니
보고 싶다 말해도 넌 모른척 하니
눈 떠도 너만 보여
눈 감아도 너만 떠올라

가슴은 녹이 슬었나봐
정신은 너로만 통하는 일방통행 인가봐
가지 말라고 애원해도
곁에 있어 달라고 매달려도

사랑한다 말해도
돌아서는 니 모습 차갑기만 해
가슴은 없어졌나봐
기억은 너로만 가는 일방통행인데.

눈물 삼키기

늘 그랬잖아
뭐가 새삼스러워
울지마
까짓 눈물 한번 삼키고 나면 끝나는 일을

늘 그랬어도
늘 마음은 아파
늘 가슴도 아프고
그래서 눈물을 삼켜

그렇지
세상 살기 참 힘들지
너무 힘들어서 죽고만 싶지
그래도 어쩔 수 없어
이럴 땐 눈물 한번 삼키고 말아
늘 그랬듯이.

그대의 고운 뜨락에

그대의 고운 뜨락에 내려앉는
한 마리 새 되고 싶네
바람 한 자락에도 설레이며

고운 미소 짓는
수줍은 한 송이 나팔꽃 되고 싶네
저문 들녘 붉게 타는 노을 속에
그대의 가슴 가득 들어앉는

그 붉음보다도
더 아름다운 불꽃이 되고 싶네.

시 해석편

사랑, 부재 속에 피는 꽃

-김행화의 '가슴 아픈 날엔'-

이상미(한성대학교 사회교육원 시창작과정 교수)

사랑, 부재 속에 피는 꽃

-김행화의 '가슴 아픈 날엔'-

이상미(한성대학교 사회교육원 시창작과정 교수)

시인이 된다는 것은 거듭나는 삶을 산다고 볼 수 있다. 시를 쓰는 행위 자체가 고행에 비유하는 것만 보아도 그 이유를 짐작 할 수 있을 것이다. 뿐만 아니라 다 비워야만 비로소 채워지는 소멸과 생성의 원리가 시 속에 스며있는 것은 말할 필요도 없고 순간에 몰입하는 집중력이 가히 사람을 망념에서 벗어 날 수 있게 하기 때문이다.
김준호의 시론을 보면 시에서 자아와 세계의 만남이 동일성으로서의 만남이 되는데 이것을 미적 체험이라고 한다. 다시 말해 자아와 세계가 각기 특수한 성격을 상실하고 하나의 동일성의 차원에서 승화된다는 것이다. 이른바 주객일체의 경지를 말하는데 이 경지가 되면 안과 밖, 정신계와 물질계, 자연과 사람이 하나가 되는 물아일체의 체험인데 이것이 모든 시인이 갈망하는 고향이라고 한다.

이런 특수한 체험등이 아마도 시인의 삶을 거듭나게 하는 긍정의 힘이라고도 볼 수 있겠다.

가슴 아픈 날엔·1

거센 바람 몰려와
내 곁을 지나가네
잡지 않아도 부르지 않아도
왔다 가는 인생처럼
머릿결을 흔들고 지나가네

가슴 아픈 날엔
멈춰버린 시간이 돌아와
이제 느낄 수 있건만
주기만 했던 사랑
받기만 했던 사랑
가슴 아픈 기억 되었기에
그대 아픈 사랑이라고

왜 이렇게 가슴이 아픈 거냐고
왜 이렇게 눈물만 나는 거냐고.

-『김행화의 가슴 아픈 날엔.1』전문-

김행화 시집의 제목이자 연작시인 '가슴 아픈 날엔'을 시의 관점과 가치 기준면에서 분석하자면 모방론적 관점으로 볼 수 있다. 모방론적 관점이란 시를 현실과 인생의 모방으로 보는 관점인데 다시 말해 작품 속에 재현 된 세계에 초점을 둔 시관이다. 작가의 이런 가치기준은 작품이 재현 하거나 재현해야하는 대상들이 진실에서 출발한다는 것을 의미하기도 한다.

시의 모든 소재는 작가의 체험 속에 있다. 그것이 일상적이라 해도 그가 꿈꾸고 아파하는 것들까지도 있는 그대로를 인식하는 것이다. 겉으로 보여지는 사랑과 내면에서 앓고 있는 사랑이 무엇이 차이가 있겠는가? 산다는 것은 웃으면서 울고 멈춘 듯 흘러가는 것인데 시인은 그 모든 것을 다 끌어안고 살뜰하게 자기 생을 꾸려가고 있다.

『가슴 아픈 날엔

멈춰버린 시간이 돌아와
이제 느낄 수 있건만
주기만 했던 사랑
받기만 했던 사랑
가슴 아픈 기억 되었기에』

　위의 시 2연에 나오는 부분을 보며 나는 한참을 망설였다. 우주의 조화가 낮과 밤을 이룩하였듯이 사랑 역시 명명되어지기 전까지 수많은 사람들 속에서 울음과 웃음, 만남과 이별을 반복했을 거라는 아픈 깨달음이 전해져 왔기 때문이다.
물질이 손을 떠나고 서야 비로소 존재를 느끼는 부재의 미학이 시 속에 서려있기 때문이다.

『가슴 아픈 날엔
멈춰버린 시간이 돌아와
이제 느낄 수 있건만
주기만 했던 사랑
받기만 했던 사랑
가슴 아픈 기억 되었기에』
　'가슴 아픈 날엔. 5'에 나오는 부분에서 시적화자

의 거리는 늘 순간에 머물러 있다. 시인에게 있어 미래와 과거는 현실에서 교차하고 그것이 곧 현재의 충만함이다. 시간의 개념은 시계속에서만 존재한다는 논리가 시인의 독특한 시적 발상으로 작용하고 있다.

당신과 난 사랑한 사이였을까요

우린 전생에서 사랑한 사이였을까요
지금에서야 만난 우리는
아마도 사랑하던 사이였나 봅니다

만난 첫 순간부터 당신이 좋아졌습니다
그윽한 눈매 다정한 목소리
아마도 우린 사랑을 하던 사이였나 봅니다

밤이 지나면 또 기다려지는 시간 앞에
그저 애만 타도록 째깍 이는 시계에만

두 눈이 못 박혀 느리기만 한

시곗바늘만 탓해 봅니다

이런 마음이 사랑일까요
이런 마음이 그리움일까요
마음은 온통 그대만 찾고
온종일 전화벨 소리에
귀 기울이는 시간이 길어지네요
우린 아마도 전생에서
사랑한 사이였나 봅니다.

-『당신과 난 사랑한 사이였을까요』전문-

김행화 시인의 시를 읽으며 참으로 특이한 점을 발견할 수가 있었다. 어느 연작시에서는 제목마다 마침표를 사용, 또한 물음표를 생략한 점 등이다. 고뇌하며 시를 쓴 작가의 마음만큼은 다 헤아리지 못한다 해도 사십을 넘어 중년으로서의 여성이 가지는 고통의 질량은 필자도 공감하기 때문이다. 생이란 수수께끼 같아 굳이 물어볼 것도 결론을 내릴 것도 없다는 서글픈 생략이 시인이 살아온 생이며 살아갈 생임을 간접적으로 나타내고 있다.

문학적 장치로서 아이러니는 변장의 뜻을 가리킨다. 즉 아이러니는 시에서 두개의 퍼소나, 그러니까 두개의 시점을 독자가 찾아내야 하는 것이다. 표면에 나타난 시적화자와 내면에 감추어진 화자의 목소리가 그것이다. 위의 시에서도 시인이 표면상 드러내는 그리움과 내면에 감추어진 정한이 다르다는 것이다. 적절하게 두개의 시점을 조율한 시인의 문학적 능력이 두드러진 작품이다.

바람 부는 날엔 호숫가를 걸어요

바람 부는 날엔 호숫가를 걸어요
반짝이는 물결 잔잔함 속으로 퍼지는 고요
마음속 깊은 심연의 우물에
가득한 당신을 떠올려요

흰 나비 떼 어지러이 날면
나도 나비 되어 날아올라요

바람 부는 날엔 호숫가를 걸어요

보고 싶은 마음 구름에 매달아 날려 보네요
사랑하는 마음 구름에 띄워 보네요

지는 노을에 물드는 그리움
두 볼에 불에 붉게 내려앉아요
바람 부는 날엔 호숫가를 걸어요.

-『바람 부는 날엔 호숫가를 걸어요』전문-

위의 시는 전체 4부로 나뉜 시집의 3부에 나오는 시의 전문이다.

인생을 4부로 나눠 볼 때 3부는 회환에 젖어 고요히 자신을 들여다보는 성찰의 시간이라고도 볼 수 있다. 발을 동동 구르던 시간을 지나 이제는 마음의 평정을 들여다본다. 여기서 시적화자가 말하는 호수의 이미지는 시각적 이미지와 물이 주는 촉각적 이미지 그 이상을 동반한 공감각의 개념이다. 이것은 다시 거울과 양수의 의미까지 수반하는데 이것이 바로 김행화 시인이 지니고 있는 사랑의 덕목이다. 여성의 몸과 마음은 자연이며 곧 우주이다. 하여 그녀가 지니고 있는 사랑의 실체는 호수이며 구름이고 노을인 것이다. 그녀가 대상화시키고 있는 사랑은 일반적으로 국한 된 것이 아니라 오래 전 자신의 몸에서 잉태하여 스스로 자라고 있는 승화된 자연인 것이다.

난해한 시를 많이 접하고 있는 독자 입장에서 위의 시는 서술의 단순형, 평이성, 간결성에서 우선 흥미를 느끼므로 성공한 시라 볼 수 있다. 아울러 이작품은 역설적으로 그 단순성에 모호성 또한 감추고 있으므로 이것이 시인의 큰 자질임을 잊지 말아야한다.

가을 하늘처럼 살고 싶었습니다

가을 하늘처럼 투명하게 살고 싶었습니다
가끔은 아프고 슬픈 일 생기더라도
맑고 푸른 가을 하늘처럼 살고 싶었습니다

행복한 일 생기면 나누고
슬픈 일 생기면 서로 감싸주고
그렇게 말입니다
잠자리 떼 두 팔 벌려 어지럽게 날고
따사로운 햇살 들판을 비출 때

아주 고운 시선으로 바라보고 싶었습니다

욕심은 반으로 줄이고
너그러움은 배로 넓혀
큰 가슴을 나누고 싶었습니다

가을 하늘처럼 살고 싶었습니다

-『가을 하늘처럼 살고 싶었습니다.전문』-

위의 시는 자연으로서의 회기가 시인의 소명임을 잔잔히 말해준다. 불교에서는 육신의 불이 아닌 번뇌의 불이 꺼진 상태를 니르바나라고 한다. 시인은 작품으로써 비로소 열반에 든다는 것을 의미한다.
하늘은 때가 되면 우리 모두가 돌아가야 할 본향이다. 김행화의 시는 우리가 자연의 일부임을 감사하며 또한 시인해야 함에도 얼마나 부질없는 시간에 공을 들이며 살았는지를 인정한다. 이 부분이 시인으로 거듭나는 중요한 순간이다.

예술 작품의 창조나 감상에 있어 중요한 비평개념

으로 '심리적 거리'가 제기 된다. 이것은 시창작이나 감상의 성패를 좌우하는 궁극적인 조건이다. 미학의 중요 개념이 되는 이 용어는 미적 관조의 대상과 이 대상의 미적 호소로부터 감상자 자신을 분리시킨다는 것이다.

이 작품에 표현 된 행위, 인물, 정서들이 어쩌면 절박한 실제 생활과는 아무런 관련이 없을 지도 모른다. 그것은 다만 시인의 감각기관을 통하여 일상적인 체험들이 입체적 영상으로 보여진 김행화 시인만의 탁월한 능력일 수도 있다는 것이다. 가능성의 한계를 평범하게 극복해가는 그녀의 시세계에 박수를 보낸다.

누구에게나 시집을 발간하는 순간은 생에 가장 잊지 못할 순간이다. 안동 그 순박한 마을에서 시심을 닦아서인지 그녀의 문체 속에는 한국적 여인의 멋과 능소화 같은 질리지 않는 요염이 녹아 있다. 결코 욕심을 내지 않은 문장을 보며 앞으로 그녀가 대성할 것이라는 생각이 든다.

시집 상재를 축하하며 늘 자기 삶에 도전하는 깨어있는 작가가 되시기를 진심으로 바래본다.

가슴 아픈 날엔

2010년 6월 24일 1판 1쇄 초판 인쇄
2010년 6월 30일 1판 1쇄 초판 발행

지은이 : 김행화
펴낸이 : 윤기영
펴낸곳 : 도서출판 현대시선

등록 제387-2006-00017호
본사: 서울시 동대문구 장안동 381-8호
　　　070-5766-8233　　(삼보명성A동 비102호)
지사: 경기도 부천시 원미구 원미동 147-12호 3층
　　　02-844-5756　팩시밀리 02-831-5832
이메일 : hapoem55@hanmail.net

2010& 6월 두 번째 시집 김행화

정가 : 8000원
ISBN 978-89-92687-21-8-03810

*저자와의 합의에 의해 인지 생략함
　잘못된 책은 교환해 드립니다.